JUEGOS OLÍMPICOS DE INVIERNO INCREÍBLES

ESQUÍ ALPINO

POR ASHLEY GISH

CREATIVE EDUCATION • CREATIVE PAPERBACKS

Publicado por Creative Education y Creative Paperbacks
P.O. Box 227, Mankato, Minnesota 56002
Creative Education y Creative Paperbacks
son sellos editoriales de The Creative Company
www.thecreativecompany.us

Diseño de The Design Lab
Producción de Graham Morgan
Dirección artística de Blue Design (www.bluedes.com)

Imágenes de Alamy Stock Photo/Jure Makovec, 17, sportpoint, 6; Associated Press/Kyodo, 18, Michael Probst, 15; Getty Images/Alex Pantling, 23, Chen Bin/Xinhua News Agency, 9, DIMITAR DILKOFF, 21, George Rinhart, 5, Sean M. Haffey, 13; iStock/Bigandt_Photography, 10, Creativaimage, 20, IlexImage, 8; Shutterstock/GTS Productions, 14; Unsplash/Victoire Joncheray, 2; Wikimedia Commons/Jon Wick, portada, 1, Thomas Grollier, 7

Se ha hecho todo lo posible por contactar con los titulares de los derechos de autor del material reproducido en este libro. Cualquier omisión será rectificada en impresiones posteriores si se notifica al editor.

Library of Congress Cataloging-in-Publication Data
Names: Gish, Ashley, author.
Title: Esquí alpino / por Ashley Gish.
Other titles: Alpine skiing. Spanish
Description: Mankato, Minnesota : Creative Education and Creative Paperbacks, [2026] | Series: Juegos Olímpicos de Invierno increíbles | Includes index. | Audience: Ages 6-9 years | Audience: Grades 2-3 | Summary: "Celebrate the Winter Olympic Games with this elementary-level introduction to alpine skiing, the sport known for its slalom and downhill racing events. Also included in this North American Spanish translation is a brief biography of medalist Mikaela Shiffrin"— Provided by publisher.
Identifiers: LCCN 2024046074 (print) | LCCN 2024046075 (ebook) | ISBN 9798889898894 (lib. bdg.) | ISBN 9781682779293 (paperback) | ISBN 9798889899686 (ebook)
Subjects: LCSH: Downhill skiing—Juvenile literature. | Downhill ski racing—Juvenile literature. | Winter Olympics—Juvenile literature. | Olympic athletes—Juvenile literature. | Women Olympic athletes—Juvenile literature. | Women skiers—Juvenile literature. | Shiffrin, Mikaela—Juvenile literature.
Classification: LCC GV854.315 .G5718 2026 (print) | LCC GV854.315 (ebook) | DDC 796.93/5—dc23/eng/20241208

Impreso en la India

Tabla de contenidos

El esquí alpino se convirtió en parte de los Juegos Olímpicos de Invierno en 1936. Ese año, los Juegos incluyeron un evento masculino y un evento femenino. Desde entonces, se han añadido más eventos.

En 1936, los Juegos Olímpicos de Invierno se llevaron a cabo en Baviera, Alemania.

uvex
HESTRA

Los corredores se agachan y se inclinan hacia adelante para ganar velocidad mientras se mantienen concentrados en el recorrido que tienen por delante.

Los esquiadores intentan ser **aerodinámicos**. Esto les ayuda a esquiar más rápido. Se agachan bien bajo. Mantienen los bastones de esquí pegados a los cuerpos. También usan trajes ajustados.

aerodinámico que tiene una forma que permite que el aire pase sin empujar el cuerpo hacia atrás

Esquís y bastones clásicos

Los competidores usan esquís con talones fijos. Las fijaciones sujetan las botas del esquiador a los esquís. Estos atletas también usan cascos, gafas, guantes y espinilleras.

Las fijaciones están ajustadas para "liberar" un esquí en ciertas condiciones si un esquiador se cae.

La nieve pisada a menudo se llama "corderoy" porque se parece a las estrías de la tela de corderoy.

Muchos esquiadores alpinos entrenan y compiten en una **pista**. Los vehículos pisanieves alisan y compactan la nieve en las pistas. Esto mejora las condiciones para los esquiadores.

pista un recorrido para deportes de invierno hecho de nieve compactada

Un “recorrido”

es un descenso por la pista de esquí. Algunos eventos se deciden después de un solo recorrido. Otros involucran dos o más recorridos. Las longitudes de los recorridos de campeonato son de 1 a 3 millas (1,6 a 4,8 km), desde el inicio hasta el final.

El recorrido de descenso masculino suele tener entre 1,5 y 3 millas (2,4 a 4,8 km) de largo.

BOGNER
BEIJING 2022
17
TEAM

uvex
LEKI
BOOSTER

El evento combinado pasó de ser individual a ser un evento por equipos antes de los Juegos Olímpicos de 2026.

Los Juegos Olímpicos presentan cinco tipos de carreras de esquí alpino. Las carreras de **slalom** y slalom gigante tienen muchas curvas y giros. El slalom super gigante (super G) y el descenso son carreras más largas y rápidas. El evento combinado involucra tanto el descenso como el slalom.

slalom una carrera de descenso sobre un recorrido sinuoso o en zigzag marcado por puertas

El cross-blocking es una táctica que los esquiadores utilizan para derribar las puertas que encuentran en su camino mientras pasan.

Durante los slaloms, los competidores deben esquiar entre las puertas. Las puertas están más separadas en los slaloms gigantes. En el super G, las puertas están aún más separadas. Los corredores a menudo esquían tan cerca de las puertas que las golpean con las manos o las espinillas.

puerta un poste flexible utilizado en los deportes de invierno

telenor yng
Phenix
HEAD
reusch
telenor
NAP

Las carreras de descenso se centran en la velocidad. Los esquiadores pueden alcanzar velocidades de hasta 95 millas por hora (153 km/h) en estos recorridos empinados. Algunos recorridos de descenso con curvas tienen saltos que hacen que los esquiadores vuelen por el aire.

El esquí de descenso se considera el evento más peligroso debido a la alta velocidad a la que se desplazan los esquiadores.

El esquí es un deporte divertido que disfrutan muchas personas.

Hasta 2022, Austria, Suiza y los Estados Unidos habían ganado la mayor cantidad de medallas de oro olímpicas en esquí alpino. ¡Millones de fanáticos alrededor del mundo ven a los atletas competir en este emocionante deporte!

EE. UU. tenía un total de 17 medallas de oro en esquí alpino después de los Juegos Olímpicos de 2022.

USA
LEKI

Competidor destacado: Mikaela Shiffrin

Mikaela Shiffrin comenzó a practicar esquí alpino de manera profesional a los 15 años. En 2011, logró el tercer lugar en la Copa del Mundo. Tenía tan solo 16 años. Desde entonces, ha ganado muchas competiciones. Hasta los Juegos Olímpicos de Pekín 2022, Shiffrin había ganado dos medallas de oro y una de plata. En 2024, ganó su carrera número 97 en la Copa del Mundo, el mayor número de victorias de cualquier esquiador en la historia.

LEKI
reusch
LEKI

Índice